JN278511

しあわせなひと

宇佐美百合子

PHP

はじめに
“しあわせなひと”って、どんな人？

それは、いつでもしあわせの方向に心が向いている人です。
そんな“しあわせなひと”の生き方が、この本の中にあります。

きっと、だれもが、いやなことがあっても感情に翻弄《ほんろう》されないで、苦難や悲しみにおそわれてもめげないで、いつもしあわせな自分で生きていきたいと願っていると思います。

それなのに、多くの人たちが「いつもしあわせでなんか、いられるはずがない」と思い込んでいるようです。
それどころか、「つらいことや報われないことは、人生からなくならない」と決めつけているような気がします。

もし、あなたもそう思い込んでいるとしたら、この先も“あなたの思い通りの人生”が続くでしょう。

けれども、「これから“しあわせなひと”として生きる！」と決めてそのように振る舞えば、別の人生がはじまるのです。

明日の天気とか、他人の感情とか、自分で決められないことに気をもんで、神経をすり減らして生きるのは、もうやめましょう。

毎日の生活の中には、余暇の使い方とか、将来の夢とか、自分の意思で決められることもたくさんあります。それらを率先して楽しみませんか？

“しあわせなひと”として生きていけば、いやなことがなくなるというわけではありませんが、ただ、どんなことが起こっても、ジタバタもがき苦しんで苦痛を引きずることがなくなるのです。

どんな目にあっても、“それでもしあわせな自分”が消えないので、身に降りかかったことを甘んじて受け入れられるようになるのです。

人生に起こるできごとを、どう受けとめるかは自分しだいです。
いつも、あなたの幸不幸を決めるのは、他人の言動やできごとではなく、それに対するあなたの心の持ち方なのです。

さあ、これまで向けてこなかった方向に心を動かして、あなたの“しあわせになる力”を発揮しましょう。

ここにある言葉に触発されて、心にこびりついていた小さなこだわりがはがれていくと思います。
あなたは、共感した言葉を心に沁み込ませて、その言葉と自分の意思をしっかり重ね合わせてください。

それからは、あらゆる場面で「しあわせなひとならば、きっとこうする」ということを自分の意思として選択し、そのように振る舞えばいいんです。

最初に、しあわせなひとの心の持ち方を知ってください。
そこからあなたのしあわせな人生をはじめましょう。

しあわせなひと　もくじ

1

“しあわせなひと”なら、こんなときどうする？

2

“しあわせなひと”になるために――

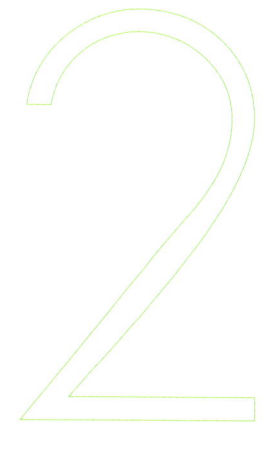

1

“しあわせなひと”なら、こんなときどうする？

1

涙がとまらないとき

自分にいう。

泣きたいときに泣けなかったら、
どうにかなっちゃうところだった。
涙がいっぱいこぼれてよかった……

今日は涙が枯れ果てるまで、
子どものように泣きじゃくろう。

その時間を自分にプレゼントするよ。

涙にいう。

悲しみを洗い流してくれて、

ありがとう。

心の痛みがやわらいでいく……

だれも恨まないですむように、
いらないものを全部ぬぐい去って
きれいな心に戻してください……

2

心が晴れないとき

心が雨の日には、
雨の日の過ごし方がある。

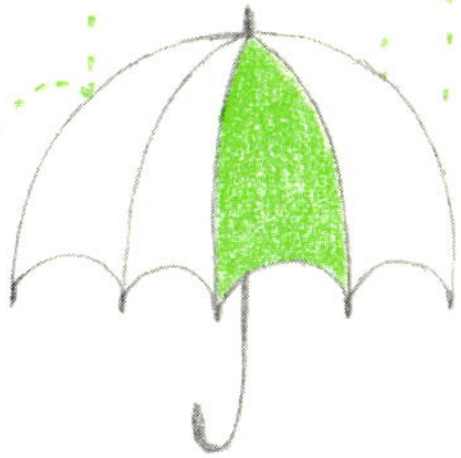

心が晴れない日は、

晴れているフリをしたり、
ムリして**晴れさせよう**と思ったりしないで、

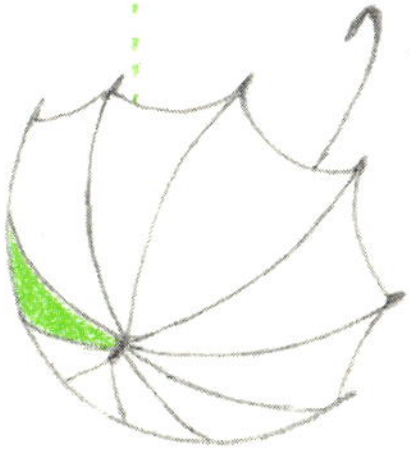

雨なりの過ごし方を考えよう。

雨の日にしかできないことも、
雨の日だからこそ味わえることも、
きっと、あるはず。

それを見つけて楽しもうよ。

3

つらくて逃げ出したいとき

人生に投げかけられた問題は、
自分の課題だよ。

逃げていると、
何度も同じようなことが起こって、
苦しみに追いかけられる。

自分できちんと答えを出して、
納得するまで、それは続く。

だから、差し出された問題は、
どうしても片づけるしかない。

どんなに逃げ出したいと思っても、
ここで踏ん張るしかないんだよ。

「ようし、必ず答えを見つけ出す！」

と腹をくくれば、力がわいてくるから。

心の中にある“つらいこと”を
“やりがいのあること”に換えて、
一段ずつ、心の階段をのぼっていこう。

4

悲しくてやりきれないとき

いい方法がある。

それは、10年後の自分に手紙を書くこと。

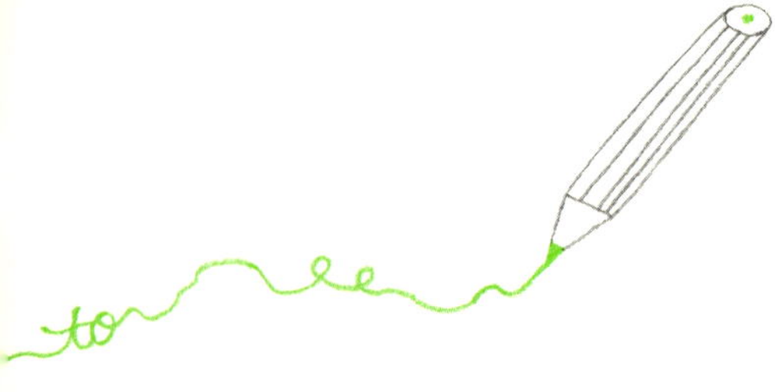

洗いざらい心の中をぶちまけて、
今ある悲しみを書きなぐって、

それを乗り切って、

しあわせに**暮**らしている10年後の**自分**から、
何か**メッセージ**をもらうんだよ。

10年後の自分なら、
今のわたしにどんなことをいうだろうって、
想像したことを書いてみて。

自分への愛があふれて、
とっても癒されるから……

絶望すると、
むなしさにおそわれる。

急に光が射さなくなって、
自分だけがとり残されたような気になる。

「今は、これ以上動いてもいいことがない」
と感じたら、
流れに逆らわないで、
むなしさの淵に沈んでいよう。

5

人生をむなしく感じたとき

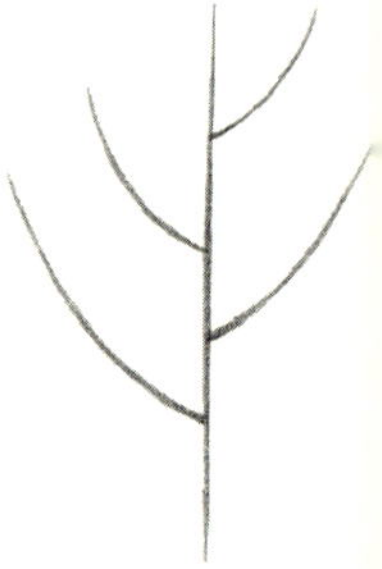

すると、

どこかの時点で、
水中から体がフワ～ッと浮かびあがるように、
絶望の淵から、心が浮かびあがってくる。

心のむなしさを表す針は、
振り切ってしまえば、
光に向かって引き戻されるんだよ。

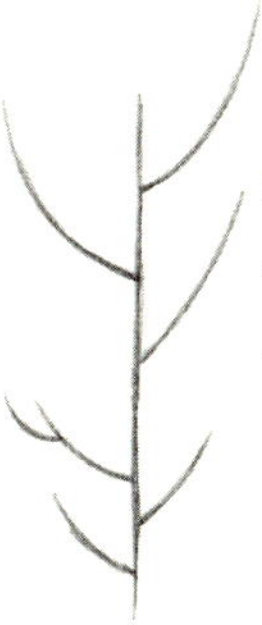

だから、
今は、じっと息をひそめて、
そのときを待とう。

6

人に嫌われたとき

その人に、

自分を嫌う自由を

あげよう。

7

自信をなくしたとき

自信は、
はじめからあったわけじゃなくて、

自信があるような気になっていただけ
かもしれない。

もし、そうだとしたら、
そうなったわけを考えよう。

心配なことがうまくいって、
ちょっといい気になっていた？

おだてられて調子にのって、
ちょっと天狗になっていた？

それに気づくことを、
「自信をなくした」っていうんだよ。

それがわかれば、するべきことは、
ぼやくことじゃない。
なげくことでもない。

ただ、**謙虚**になること。

8

孤独でさみしいとき

まわりには人がいて、
話し声が聞こえているのに、
ひとりぼっちという気がする。

心と心を通い合わせることの
むずかしさと、愛《いと》おしさが交錯して、
心がヒリヒリする。

孤独を感じると、ふと思う。

さみしいのは、
きっと、わたしだけじゃない。

心の奥底で、
みんな、孤独を味わっている……

もしかしたら、
ひとつになれないもどかしさが、
真剣に人を求め、
愛そうとする心を育てるのかもしれない……

不安は、
消そうと思えば思うほど大きくなるから、

そういうときは、
不安にとり合わないで
自分に命令する。

「自分が主演する“不安物語”の続きを考えない！」

9

不安でたまらないとき

その代わり、
気になることがうまくいったときの様子を、
できるだけリアルに思い浮かべよう。

そうなるためには、
自分に何が必要だろう、と考えて、

今のうちに、
それをひとつでも多く準備しておこう。

10

友人に裏切られたとき

ずっと、被害者でいないで。

「自分を信頼していた友を裏切るのは、
どんな気持ちだろう……」って、

相手の気持ちになって想像すれば、
そうしたくてするはずがないことと、
そうするしかなかったことがわかる。

その友は、
たぶん、心の中で詫びながら、
自分のしたことを背負って生きていく……

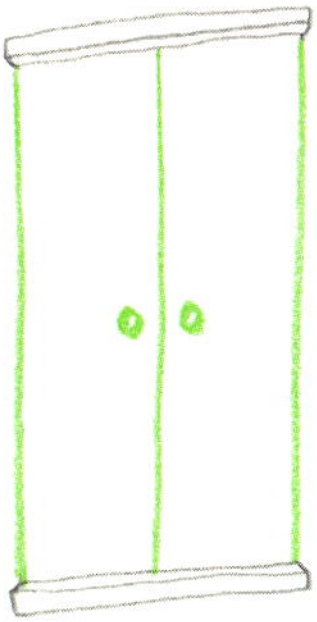

そこで、

「もう許そう。裏切った理由なんてどうでもいい」
と思えたら、
自分が救われる。

「何が何でも、裏切った理由を知りたい」
と思えば、
相手を責めないで、一度だけ尋ねよう。

どんな答えが返ってきても、こなくても、
その日を限りに、
心の決着をつけるつもりで――

11

夢が打ち砕かれたとき

自分の力では
どうしようもないことが
起こったら、
こう考えよう。

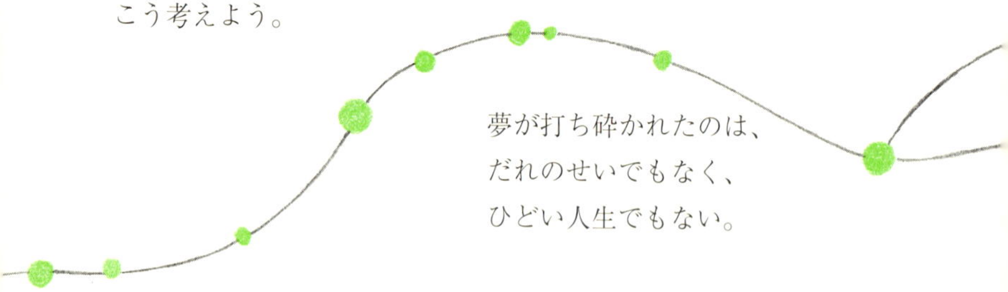

夢が打ち砕かれたのは、
だれのせいでもなく、
ひどい人生でもない。

わたしには、きっと、
別の夢が用意されている。

これまでのことが布石になって、
新たな夢を追いかける人生が
はじまったんだ！

二度とない人生だから、
好きなだけ、夢をやり直そう。

“どうすれば、自分の夢で人をしあわせにできるか”

それを発見するまで、やり直そう。

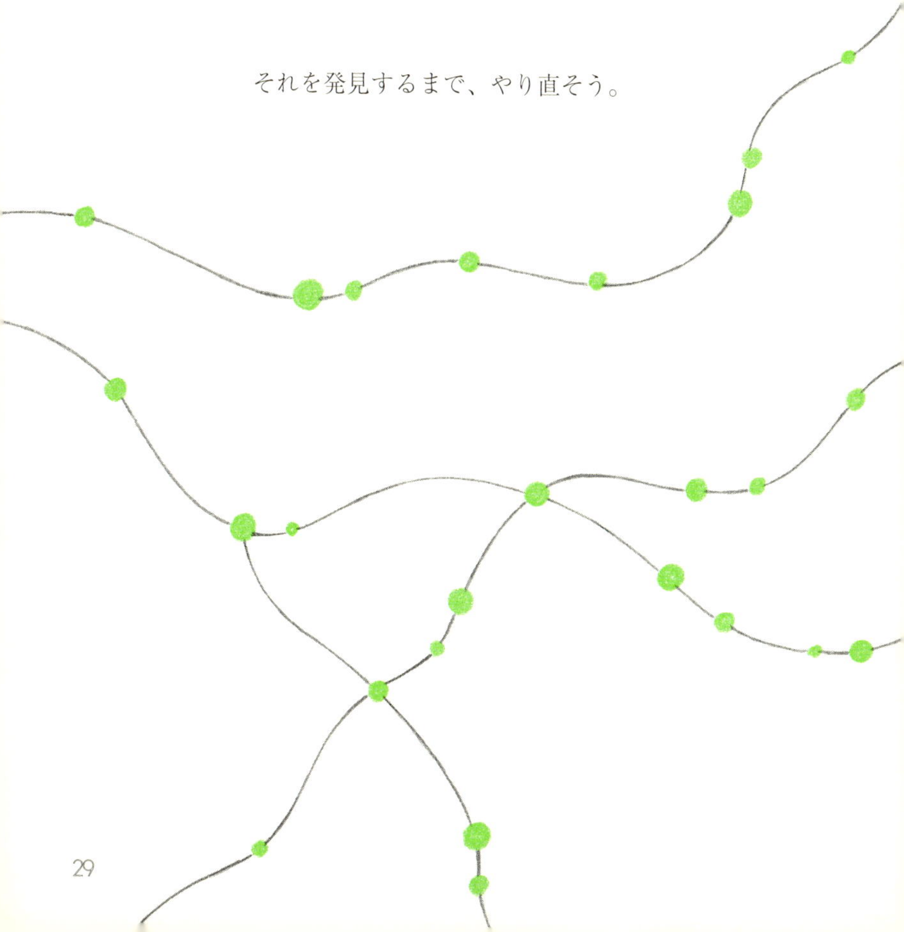

12

生まれてこなければよかったと思ったとき

そんなときは、こう思っている。

わたしの力では、どうにもならない……
わたしほど、かわいそうな人はいない……
わたしは、いてもいなくてもいい人間……

でも、どれも真実じゃない。

問題に立ち向かうのがいやだから、
そう思おうとしているだけかもしれないよ。

本当は、胸の奥でこう感じてない？

このままで、終わりたくない。
なりふりかまわず動けば、
きっとなんとかなるはず……

生まれてきたからには、
自分にしかできないことが、
どこかにあるはず……

13

自分を愛せないとき

自分を愛せないときがあっても、
平気だよ。

他の人と比べてばかりいると、
自己否定がはじまって
愛が消えてしまうけれど……

それは、自分のことを、
もっと深く知るチャンスだよ。

真剣に心の声に耳を傾けて、
訴えを聴き入れよう。

自分のよさに気づけなくなるから、
自分にないものを探さないで！

唯一の自分でいること以外は
何もしなくていい。
だから、自分を丸ごと認めて！

しあゎせに生きるのに必要なものは、

全部、ここにある！

それを信じて、
愛を閉じ込めないで。

そっと、自分に問いかけよう。

「今回の体験から学べたことは何？」

心にのしかかった後悔という重石を、
少しずつ動かして、心の掃除をすれば、

過去の体験が、
未来の養分に変わっていくから。

14

ものすごく後悔したとき

「すべてが、学ぶためのできごとだった」
と思えるようになるまで、

心の奥でくすぶっていた自責の念が、
「貴重な体験ができてよかった」という、
感謝の念に変わるまで、

自分に何度も、同じことを問いかけよう。

「今回の体験から学べたことは何？」

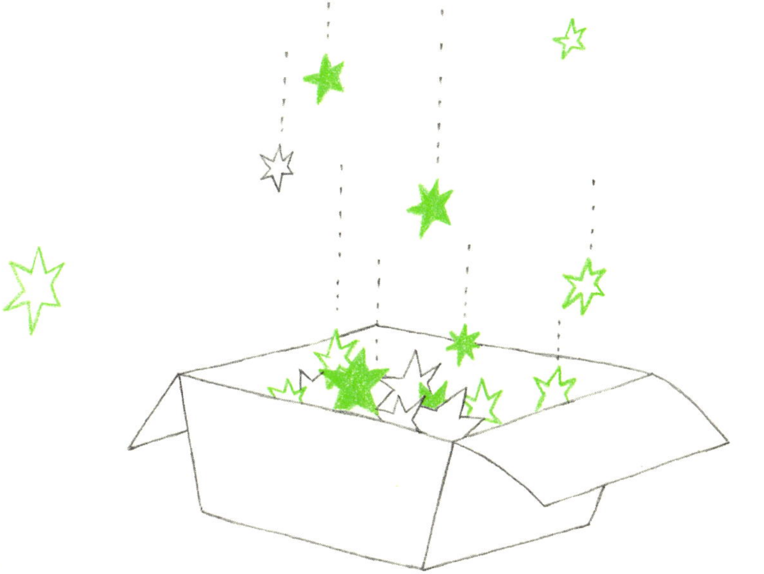

15

怒りがおさまらないとき

怒りがおさまらないときは、
いったん、その場から飛び出して、
ひとりになるといいよ。

そこで、
体から怒りのエネルギーが抜け出すように、
深呼吸をくり返して。

それから、
自分の体にひたすら詫びよう。

ごめんね。
ものすごく不健康な状態にして……
ごめんね。
いちばんいやなことして……

少し気分が落ち着いたら、
二度と自分を見失わないように、
これ以上、自分を傷つけないように、

どういう態度をとるべきかを、
必死になって考えよう。

もしも、
自分が体験している人生のドラマを、
空のかなたから見守る存在があったら……

その温かいまなざしより
気にかけるべき“人の目”が
あるだろうか。

人の目を気にして、
心を偽ったり、背伸びをしたりすると、
自分を見失うよ。

16

人の目が気になって仕方がないとき

小さな自分が、
まわりの評価におびえていると感じたときは、
天を仰ごう。

空のかなたから降ってくる
やわらかな光を全身で受けとめて、

そこから自分を見ていてくれる
大きな存在に、思いを馳《は》せよう。

17

ついてないとき

本当は、ついてないんじゃないよ。

スランプのときはどうすればいいか、
あれこれ好きなことを試すように
機会を与えられたんだ。

だから、いっぱい試してみよう。

そして、
何もしないほうがいいとわかれば、
次のスランプからは、何もしない。

対策を講じたほうがいいとわかれば、
次もまた、気がすむまでやるだけ。

すると、
「もう、スランプなんてこわくない」
と思えるようになるから、

そこからは、
ついてる自分で生きられる！

18

自分の居場所が見つからないとき

自分の居場所が見つからないときは、
「だれもわたしの気持ちなんてわかってくれない」
と思い込んで、

自分から心を閉ざし、
「もう、だれとも心を通わせない」
と決めつけているときかもしれない。

早く、そこから脱しよう。

楽しそうでやさしそうに見えるだれかに、

思い切って、
本音を打ち明けてみよう。

「自分の居場所が見つからないんだ……」って。

すると、
閉ざしていた心のドアが開いて、
淡い光が射し込んでくるから。

今まで知らなかった
自分の新しい心の居場所を、
きっと、見つけ出せるから。

19

不満がふき出したとき

不満がふき出すと、喜びが消える。

喜びがわき起こると、不満が消える。

いつも心には、
どっちかひとつしか、いられない。

これからは、
自分にないものを考えるのはやめて、
自分にあるものを見つめ直そう。

「ここにあるのが当り前」と思っている
いろいろなものに対して、
「ありがたいなぁ」って思いはじめると、

心の主人公が入れ替わるから。

知らないうちに不満が出ていって、
喜びが、心に居座っているよ。

報われない**努力**は、**ないよ**。

ただ、努力の真っ最中は、

そのことに

気がつかないだけだよ。

20

努力が報われないとき

21

嫉妬して苦しいとき

「嫉妬していいことはひとつもない」と
頭ではわかっているのに、

妬けて妬けて、どうにもならないときがある。

そんなときは、もんもんとしていないで、
体を動かすほうがいいよ。

手元の動きに全神経を集中して、
ときを忘れて過ごそう。

気がゆるんで嫉妬心が頭をもたげたら、
「やめやめ！」って、それを蹴散らし、
ふたたび手元に意識を戻そう。

嫉妬心との勝負は、集中力との勝負！

そうやって粘り強く続ければ、
しだいに苦しみが遠ざかっていく。

嫉妬を超えたところにいる
リンとした自分に、
きっと、たどり着けるから。

22

仲間はずれにされたとき

もしかしたら、
思いがけないことで、
仲間を傷つけていたかもしれない。

それが、自分の過失だったら、
誠心誠意あやまろう。

そうでなければ、
仲間に執着しないで、足元を見つめよう。

自立しないで群れているだけの仲間から、
巣立つときがきていないか……

傷をなめ合うだけの関係を、
卒業するときがきていないか……

お互いの成長のために、
足を引っ張らないのが本当の仲間だよ。

仲間はずれにする前に、
真実を告げるのが真の友だちだよ。

この機会に、ひとりでもいいから、
一生つき合える友を探そう。

疲れて弱っているんだから、
それ以上、自分にムリを強いないで。

気力がなくなったなら、
また、たくわえればいいんだよ。

そのために、人生には、
休養期間や充電期間があるんだから。

23

気力がなくなったとき

どんな状態の自分も、
ぜったいに見捨てないこと。

どんなときも、
自分が、自分の最高の理解者でいたら、
必ず何とかなるから。

24

勇気がわいてこないとき

勇気がわいてこないのは、
うまくできる自信がなくて
こわいとき。

でも、
そんな自分を責めることはない。

こわいものはこわいし、
勇気が出ないときは出ないもの。

「こわい！」と感じないことが、
勇気じゃないよ。

「こわがる自分を乗り越えよう！」と
一大決心をして、
一歩前に足を踏み出すこと。

それが勇気だよ。

25

人からバカにされたとき

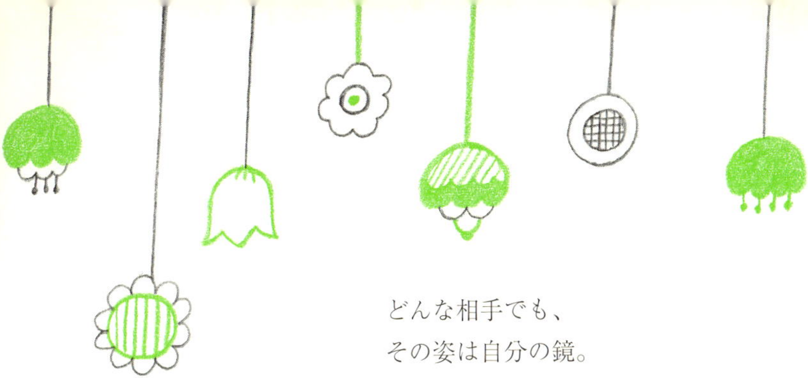

どんな相手でも、
その姿は自分の鏡。

そうやっていつもだれかが、
自分を成長させる役を担ってくれる。

それをありがたいことだと思って、
相手を眺めよう。

本当に自分に自信があったら、
他の人をバカにしたりしない。

相手の立場になって考えられる人は、
他の人を笑ったりしない。

自分がいやな思いをしたときほど、
そこには、
貴重なメッセージが隠されている。

26

人生が空回りしはじめたとき

人生が空回りしはじめると、

あせって、戸惑って、
ますます力んでしまうけれど、
そうじゃないよ。

空回りは、
「心のギアを入れ替えて！」というサイン。

気持ちを切り替えれば、
自然に、ものごとの進め方も変わるから。

結果より、**プロセス**を重んじよう。

こわい顔を返上して、**笑顔**でやり過ごそう。

効率のよさより、**心地よさ**を追求しよう。

人生が空回りしていると感じたときは、
落ち着いて、
疲れた心に、ティータイムをあげよう。

27

大切な人を亡くしたとき

泣き疲れてぐったりしたら、
悲しみを置いて、
大切な人からのメッセージに耳を傾けよう。

わたしは肉体を離れ、
本来の姿に戻って、
大宇宙で生きている。

魂のわたしは、
目には見えなくても、
自由自在に飛んでいる。

あなたの世界にも。

ときには、
涙になってあなたを癒し、

ときには、
ひらめきになってあなたを助け、

あなたの人生の裏方になって、
あなたの魂と溶け合っている。

わたしはいつでも、
あなたの**祈り**の**中**にいる。

2

〝しあわせなひと〟になるために——

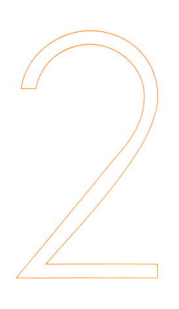

1

自分を信じよう

自分を信じることは、

自分の“しあわせになる力”を信じること。

2

今を大切にしよう

自分がしてきたことの結果が、
今の人生を形作って、

今、することの積み重ねが、
未来を作り出していく。

だから、

どうなるかわからない先のことに
心を痛めるより、

もう、すんでしまったことを
悔しがるより、

刻々と移り変わることがらを受け入れて、
今を**楽**しんで生きていくことが、
いっちばん、大事！

胸躍る未来のためにも、
貴重な今を大切にしよう。

3

素直になろう

素直な人は、まっすぐ進む。

人から教えられたように、
あるいは、ひらめくままに、
疑わないでやってみる。

もし、不都合に出合ったら、
人に、自分に、ふたたび耳を傾けて、
「じゃ、今度はこうしよう」
と素直に思う。

だから、モタつかない。

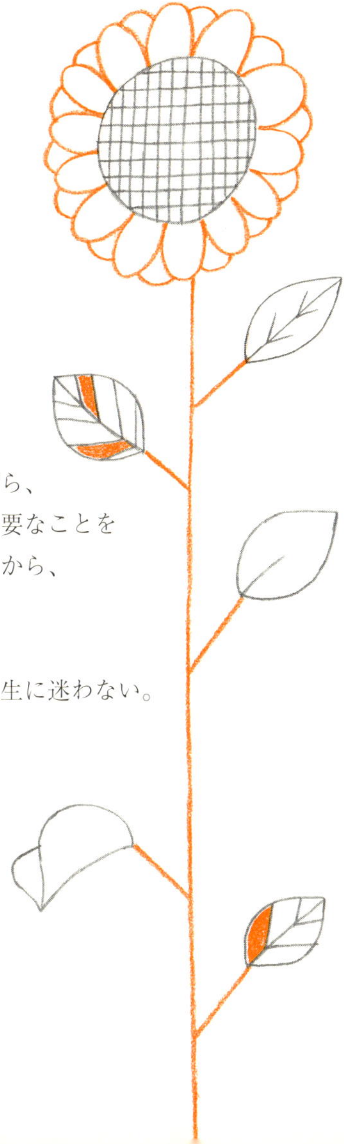

そうやって工夫しながら、
しあわせに向かって必要なことを
着実に積み重ねていくから、

素直な人は、
どこまでいっても、人生に迷わない。

4

あこがれを育てよう

何かに、モーレツにあこがれるのは、
「自分も同じような可能性を秘めている」
という証拠だよ。

自分がとうていできないことだったら、
寝ても覚めても
あこがれたりはしないもの。

かなりむずかしそうに見えることでも、
まだ、自分に条件が整っていなくても、

「ひょっとして、がんばればできるかもしれない……」
と感じるから、
胸がざわついて、あこがれがとまらない。

次々とアイデアがわいてくるのは、
これまで試していない力が、
飛び出したくてウズウズしているせいなんだよ。

モーレツなあこがれを大事に育てよう。
それが、

人生に“**奇跡**”を呼ぶから。

5

もっと感動しよう

人生で感動するのは、
他人の強さに勝ったときじゃない。

自分の弱さに打ち勝ったとき。

小さなことも、たいへんなことも、
手を抜かないでやり遂げられると、
ちょっと、自分に感動する。

うれしくなって、
ますます自分を応援しようって思う。

人生で感動するのは、
自分のことだけじゃないよ。

他人の人生を、
自分の人生のように大切に考えて、
応援できるようになったときも。

今度は、その人が弱さに打ち勝って、
いっしょに喜び合うという感動を
プレゼントしてくれるから。

6

思い込みを捨てよう

あまりに思い込みが強いと、
先入観で頭がいっぱいになって、

人の真意も、
ものごとの本質も、見えなくなる。

しあわせは、
理屈の世界に求めても見つからない。

人生は、
頭で理解して計算できるような
チッポケなものじゃないんだよ。

想像を絶する驚きと、
めくるめく感動と、
無限の可能性を秘めている。

だから、

真っ白な心で、
もう一度、**まわりを眺めてみよう**。

そこに立って、
自分の将来について考えよう。

7

いさぎよくなろう

迷ったとき、
自分がいさぎよく決断できたら、
どんなにスッキリするだろう。

自分の中を
すがすがしい風が吹きぬけて、
まわりの空気まで
さわやかにするだろう。

ささいなことに心が引っかかって
イジイジしないように、
普段から、
自分に言い聞かせておこう。

あんまり、欲張らないこと。
何にでも、執着しないこと。

いさぎよく対処して、
ほんの少しソンをしながら、
ほんの少しあとをいくのも、

カッコイイよ！

8

寛大になろう

ものごとが思うようにいかないと、
つい、やっかんで、
イジワルをしてしまう……

ものごとが思うようにいくと、
すぐ、有頂天になって、
偉そうにしてしまう……

そんなことは、よくある話。

それなのに、
人が自分にすることに、
いちいち目くじらを立てて怒ってない？

知らないうちに、
“わたしは特別”という意識になって、
いつもカリカリしていない？

もっと、大らかにかまえようよ。

人が自分にしたことを、
「ま、いいか」と笑って許せるような、
心の広さと、ゆとりを持とう。

9

勇敢になろう

自分が勇敢になれば、
置かれた状況を逆転させられる。

だから、ぜったい、
「できなかったらどうしよう」なんて、
考えちゃダメだよ。

「やってみるまで、結果はわからない！」

「自分の力は、すべて出し切る！」

「最後の最後まで、あきらめない！」

そう肝に銘じて突き進もう。

そうすれば、
ピンチを、チャンスに換えられるから。

10

笑顔で過ごそう

ユーモアのあるひとは、
まわりを愉快にする言葉を
たくさん持っている。

まわりを愉快にすると、
自分も楽しくなってくる。

苦難のときほど、
ユーモアのセンスを活かして、
笑い飛ばして乗り切ろう。

人生は、
「もうダメだ。たいへんだ。苦しい」
と眉間にしわを寄せて過ごしても、

「もう、たいへん！　でも笑える」
と苦しみをユーモアに換えて過ごしても、

同じ速度で流れていく。

心からの笑顔で、
逆境を、
涙と笑いの歴史に塗り替えていこう。

11

直感にしたがおう

あんまりいろいろ考えすぎると、
答えがわからなくなって、
堂々めぐりがはじまるよ。

そんな自分に見切りをつけて、
直感にしたがって動いてみよう。

エゴを遠ざければ、
直感がひらめいて、
宇宙の知恵が降りてくるから。

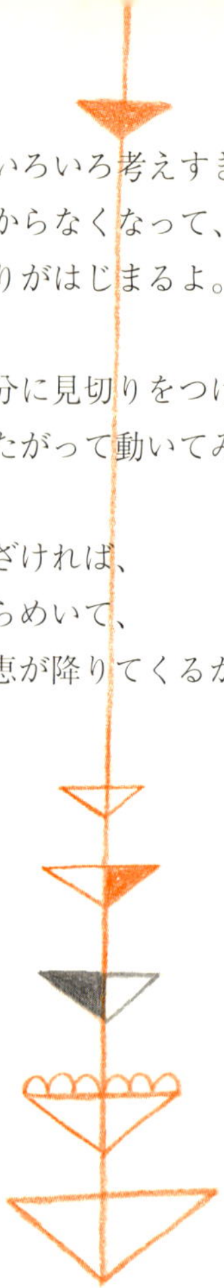

直感は、いつでも、
目先の損得を度外視して、

“しあわせでいられるほう”を示す。

まるで、
ちっぽけな自分を捨てて大きな自分で生きていけ、
といっているかのように……

そんなステキな声にしたがって、
宇宙と対話しながら生きていくのは、
楽しいよ。

12

大自然とつながろう

社会でもみくちゃにされて疲れたら、
大自然に意識を向けて、
自分自身を見直そう。

水が大地を流れるように、
体にも血が流れている……

風が大気を揺らすように、
体も呼吸を続けている……

わたしという人間は、
大自然の一部として生かされている、
小さないのち。

限られた時間だけれど、
この人生を楽しむために誕生した、
小さな宇宙。

そこで、ハッとするはず……

いったいわたしは何のために、
こんなに自分を痛めつけて、
貴重ないのちをすり減らしていたのかと。

13

無邪気に返ろう

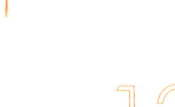

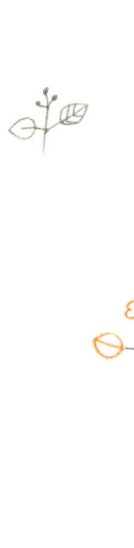

おとなになっても、
心に積もったチリを払えば、
無邪気に返れる。

だから、もう心を汚さないで。

何にでもシロクロつけて、
「ものごとはこうあるべきだ」
と決めつけるのをやめると、

シンプルで純真な喜びが
集まってくる。

他の人がくだらないということでも、
ちょっとした愉快なできごとを
見逃さないようにすると、

キラキラ瞳を輝かせる自分が
よみがえってくる。

それを心の底から歓迎して、
無邪気に返ろう。

14

能天気になろう

いやなことがあっても、
クヨクヨ思い悩まず、
「これからよくなる」と信じて疑わない。

それが、能天気。

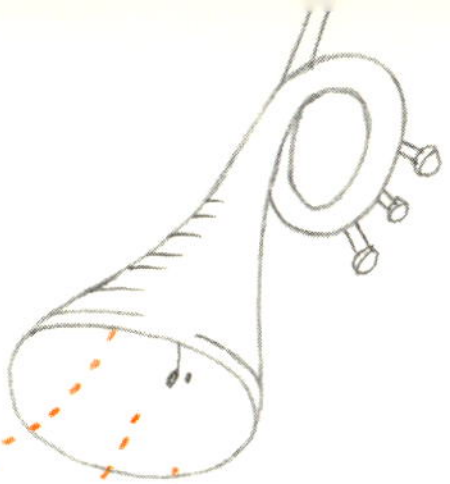

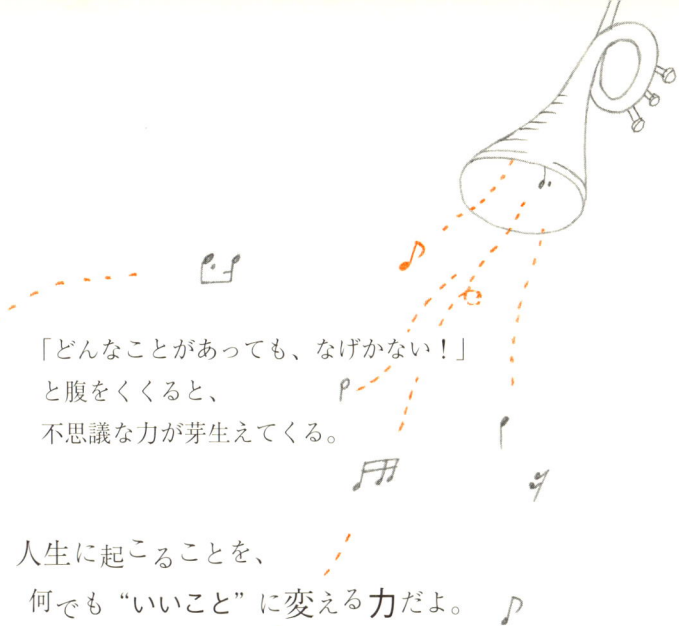

「どんなことがあっても、なげかない！」
と腹をくくると、
不思議な力が芽生えてくる。

人生に起こることを、
何でも“いいこと”に変える力だよ。

「最終的に、人生にはいいことしか起こらない」
と信じて進むと、
不思議な力は、ますます強くなっていく。

だから、
肩の力をぬいて能天気になることは、
しあわせへの近道。

15

しなやかな強さを身につけよう

見栄や意地で、強がっている人は、
人生の嵐に、めっぽう弱い。

ふだん、偉そうに振る舞っている人ほど、
立場が危うくなると、
耐えきれずに、ポキッと折れる。

いっけん、軟弱そうに見えても、
しなやかな人は、嵐に強い。

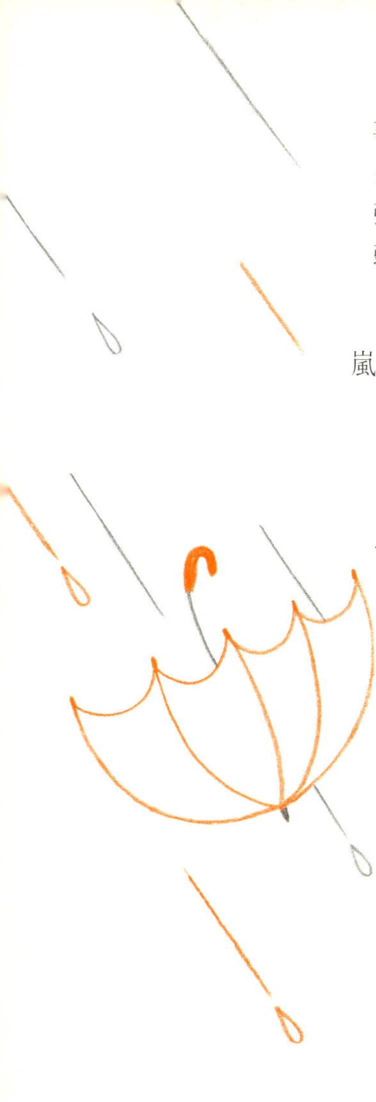

事態に抵抗せず、
グチをいわず、
強者にコビを売らず、
弱者をいじめず、

嵐が過ぎたら、ふたたび**ピン**と立って、
ひょうひょうと**自分**の**道**をいく。

それが、本当に強い人だよ。

16

誠実になろう

誇り高き自分でいたい、
と望むなら、

だれに対しても、
100パーセント、誠実になろう！

17

自由を手に入れよう

心が傷ついたことも、
たいへんな目にあったことも、

自分のことは、自分で責任をとる！

人のせいにも、
社会のせいにも、
運のせいにもしないで、

自分の人生を、丸ごと受け入れる！

そう覚悟すると、
ものすごい自由が転がり込む。

それは、

“好きなように人生を切り開ける”

という究極の自由。

その自由の数だけ、
しあわせが、ある。

自分の弱さに負けないで、
自由としあわせの両方を手に入れよう。

18

いっぱい反省しよう

できごとには、はじめから、
「いい悪い」も「損得」もない。

それなのに、
心が卑《いや》しいと「悪い」と感じて、
心が貧しいと「損した」と思う。

できごとに腹が立つのは、
たぶん、自分の反省が足りないからだよ。

ちょっと、傲慢《ごうまん》になってない？

これからは、

いいことがあれば、「ありがとう」
悪いことがあれば、「反省します」

いっぱい反省すると、
たちまち運がめぐって、
人生が、
「ありがとう」で埋め尽くされていくよ。

19

自分に正直になろう

「自分を偽らないで生きていこう」
と決意すると、

心を縛りつけていたロープがほどけて、
とってもラクになる。

その場かぎりのお世辞や、
つじつまあわせのウソから離れて、
だれに対しても正直になるし、

人のゴキゲンをとることも、
自分を大きく見せることもなくなって、
もう、うろたえなくなる。

自分に正直になるだけで、

“これ以上でも、以下でもないわたし”を、

堂々と生きられるようになるんだよ。

20

自分を後回しにしよう

自分が先じゃないと気がすまない？

あえて、他の人に譲るなんてもったいない？

もし、そう思ったら、
自信のない自分が、
他人の幸運をやっかんでいるのかも……

次は、思い切って譲ろう。

「お先にどうぞ！」といってみよう。

自分をほんの少し後回しにするだけで、
今度は、お礼をいわれる立場になる。

感謝に満ちたやさしいほほえみを
受けとれるようになるんだよ。

そのとき、
他の人に譲ることは、ソンすることじゃない。

思っていたよりも、
ずっと気持ちいいことだって、わかるから。

21

天を相手に生きよう

人の顔色ばかりうかがわないで、
これからは、
天を相手に生きていこう。

天に対して、
後ろめたくない自分を作りあげよう。

天は、何でもお見通しだから、

だれに対しても、どんなときも、
清らかな気持ちで、
真心を尽くして、
一生懸命、生きていったらいいんだよ。

そうすると、
天は、きちんと応えてくれる。

大きな安心感を授けて、
世知辛いことに振り回されないで、
“自分の信念を貫く力”を与えてくれる。

22

約束を守ろう

人と約束するとき、
よく思われようとしてカッコつけると、
あとで守れなくなる。

守れない約束は、
最初からしないこと。

果たせそうにないときは、
「約束はできないけど、やってみる」っていおう。

でも、一度約束したら、
「やぶってもいいや」なんて、
簡単に考えちゃいけない。

たとえ、相手が子どもでも、
立場の弱い人でも、同じだよ。

そういう人との約束も、
きちんと守る自分になると、
自分のことを好きになるよ。

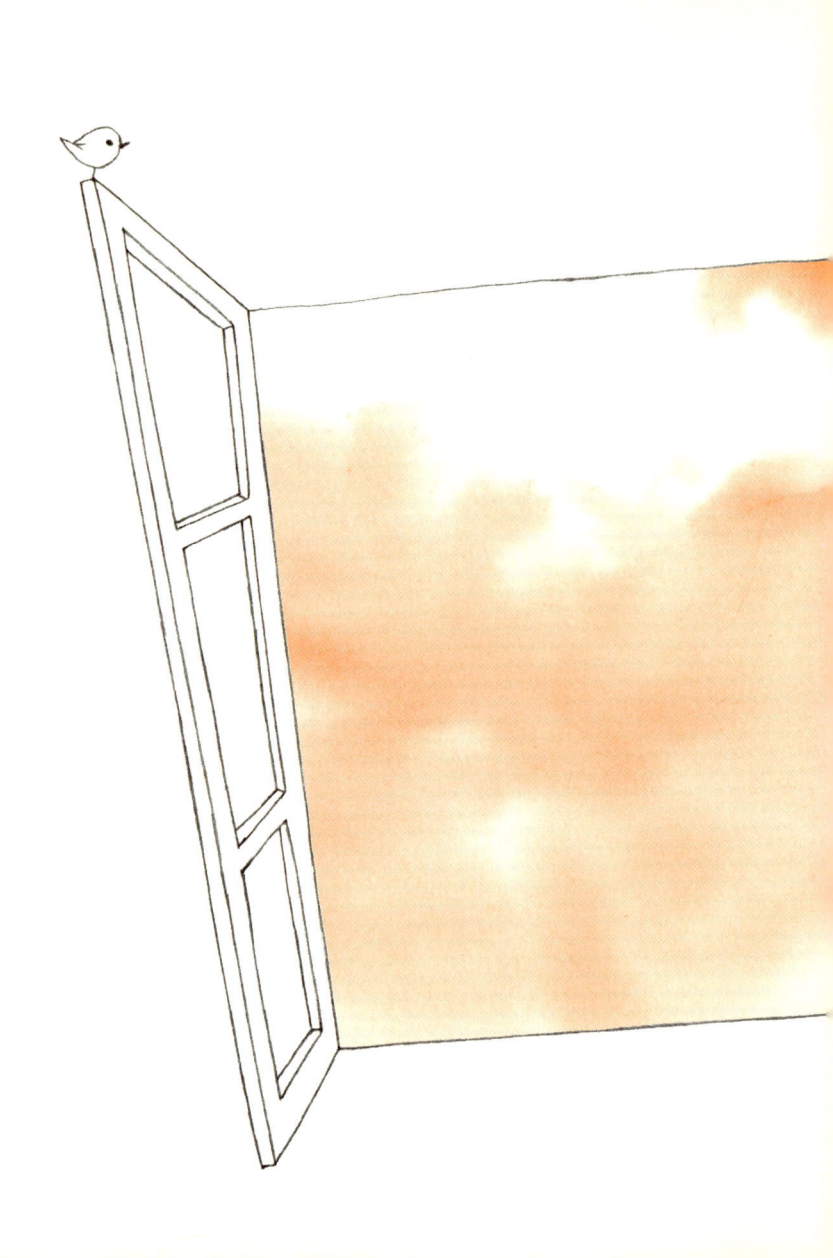

23

やりたいことを見つけよう

“人生をかけてやりたいこと”に出合うと、
今、やるべきことが見えてくる。

目の前に与えられたものを通して、
自分の使命にも目覚めていく。

だけど、最初は、
やりたいこともわからないし、
使命なんて、見当さえつかないのが当り前。

そんなときは、
新鮮な好奇心をかき立てて、
思いついたことを、何かひとつやってみよう。

問題は、
それを本気でやるか、やらないか！

本気で挑めば、
そこからものごとが発展して、
必ず、やりたいことが浮き彫りになってくる。

人生がおもしろくなるのは、
それからだよ。

24

夢を追いかけよう

夢を思うことと、
夢を追いかけることは、
ちがうよ。

思っているだけだと、
夢は、空想に終わるけれど、

よそ見しないで、真剣に追いかければ、
空想だった夢が、
理想に変わって、
最後に、生きがいになる。

すると、
人生に“自分の花”が咲きはじめるんだ。

今はまだつぼみでも、
つぼみを抱いて、一心に夢を追いかければ、
どんなにつらくても、
胸をときめかせて生きていけるよ。

そして、いつか、
人生に大輪の花を咲かせよう。

25

祈りのある暮らしをしよう

祈りは、
神様に、うまくいくようにと
お願いすることじゃなくて、

自分の意思を明らかにして、
神様に聴いてもらうこと。

祈りは、
神様に、ないものねだりを
することじゃなくて、

自分が生かされて、
目標に向かってがんばれることを、
心の底から感謝すること。

祈りは、
離れている人々の幸せを願って、
ひそやかに捧げる、愛。

祈りのある暮らしをしよう。

26

感謝、感謝の人生にしよう

人生で体験することは、
どんなことも、
自分が忘れていたことに気づかせてくれる、
神様からの贈りもの。

身に降りかかるできごとは、
全部、ありがたいこと。

人生でめぐり会う人は、
すべて、ありがたい人。

そう思って、心静かに手を合わせよう。

感謝の思いがあふれてくると、
不平不満の海でおぼれかけていた
自分の心が救われる。

こんな自分でも、
無事に生かされていることが、
たまらなくありがたく思えてくる。

27

やさしくなろう

野の花にも、
空を飛ぶ鳥にも、
いつもそばにいる人にも、

もっと、やさしくなろう。

温かい言葉。
心からのほほえみ。
そのままでステキだよ、という思い。

それを、いっぱい届けよう。

まわりに対して、
自分が何かしてもらうことばかりを
期待しがちになるけれど、

真っ先に、
「自分がしてあげられることは何だろう？」
と考えられる、
やさしい人になっていこう。

おわりに

「自分にとって正しいことをしよう」と思うと、往々にして、そうじゃないことをするときよりも苦労がつきまとうものです。

もしあなたが、「これまでの悪習に流されないようにする」とか、「何でもすぐ人に迎合しないようにする」と決意して新たに動き出そうとすれば、かなりのエネルギーがいると思います。

だからこそ、“自分にとって正しいことを貫く”ことには、深い意義と価値があるのです。

正しいこととは、あなたが心から“美しい”と感じることです。それは、あなたの美しい心から生まれ、美しい言動を引き出して、きっとまわりの人たちをしあわせにするでしょう。

そんな美しい心で生きていくには、長い年月をかけて心に降り積もったエゴや心配といった余計なものをぬぐい去り、まじめに心を磨いていく必要があります。

心をにごらせたままにしておくと、それが磁石のようになって、悪いできごとを引き寄せるからです。
すると、自分にとって何が正しいのかわからなくなって、その場の感情に振り回されるようになるんですね。

逆に、心をゆるぎない美しさで満たせば、その光がすばらしいできごとをどんどん引き寄せます。
そして自然に、その美しさが外側にも現れてくるのです。

つまり、その人がそこにいるだけで内面の美しさが香るような人、それが“しあわせなひと”なのです。

真剣に心を磨いて、ぜひ“しあわせなひと”になってください。
この本でそのお手伝いができれば、とてもうれしく思います。

宇佐美百合子

[著者略歴]

宇佐美百合子（うさみ　ゆりこ）

作家・カウンセラー。CBCアナウンサーを経て心理カウンセラーになる。1986年読売新聞社主催「ヒューマンドキュメンタリー大賞」に『二つの心』が入選。「モーニングEye」の人生相談や「笑っていいとも」の心理テストにレギュラー出演。ネット・カウンセリングの先駆者でもあり、執筆や講演を通してメッセージを発信している。著書はベストセラー『元気を出して』『いつも笑顔で』（以上、PHP研究所）、『がんばりすぎてしまう、あなたへ』（サンクチュアリ出版）をはじめ、『もう、背伸びなんてすることないよ』『こころの贅沢、見つけよう』（以上、幻冬舎）など多数。

ホームページ　http://www.iii.ne.jp/usami/

イラスト／コイヌマユキ
装丁／渡邊民人（TYPE FACE）
本文デザイン／高橋明香（TYPE FACE）

しあわせなひと

2007年9月25日　第1版第1刷発行
2007年11月26日　第1版第2刷発行

著　者　宇佐美百合子
発行者　江口克彦
発行所　PHP研究所
　東京本部　〒102-8331　千代田区三番町3番地10
　　文芸出版部　☎03-3239-6256（編集）
　　普及一部　☎03-3239-6233（販売）
　京都本部　〒601-8411　京都市南区西九条北ノ内町11
　PHP INTERFACE　http://www.php.co.jp/

印刷所　凸版印刷株式会社
製本所　東京美術紙工事業協同組合

©Yuriko Usami 2007 Printed in Japan
落丁・乱丁本の場合は弊社制作管理部（☎03-3239-6226）へご連絡下さい。
送料弊社負担にてお取り替えいたします。
ISBN978-4-569-69471-9